Marcel Richmann
Gute Vorsätze für das Neue Jahr
- Zettelwirtschaft -

Marcel Richmann

Gute Vorsätze für das Neue Jahr
- Zettelwirtschaft -

1.Aufl.
Zettelwirtschaft
Bibliografische Information der Deutschen Nationalbibliothek:
Die Deutsche Nationalbibliothek verzeichnet diese Publikation in der
Deutschen Nationalbibliografie; detaillierte bibliografische Daten sind
im Internet abrufbar über http://dnb.dnb.de
© 2024 Marcel Richmann
ISBN: 9783758317361
Herstellung und Verlag: BoD – Books on Demand, Norderstedt

Inhalt - chronologisch

		Seite:
Eine Bemerkung vorweg		9
Ein kleiner Zaubertrick		10
1.	Rauchen	11
2.	Alkohol	12
3.	Sport	13
4.	Laufen	14
5.	Muskeln	14
6.	Bewegung im Alltag	15
7.	Körperliche Aktivität	17
8.	Frische Luft	18
9.	Selbstkritik	19
10.	Abnehmen und Diät	20
11.	Abnehmen	21
12.	Fast Food	22
13.	Zielgewicht	22
14.	Gesund ernähren	23
15.	Koche selbst	23
16.	Fleisch essen?	24
17.	Mehr Rohkost	24
18.	Vegetarisch oder vegan	25
19.	Snacks und Süßkram	25
20.	Trinken	26
21.	Getränke	26
22.	Einkaufen	27
23.	Plastikfrei einkaufen?	27
24.	Schlaf gut.	28
25.	Auf den Körper achten	29
26.	Arztbesuche	29
27.	Zahnpflege	30
28.	Dinge erledigen	31
29.	Ordnung	31
30.	Sauberkeit	32
31.	Alles anders!	32
32.	Entscheidungen	33
33.	Andere entscheiden	33
34.	Zeit für die Freunde	34
35.	Freundeskreis erweitern	35
36.	Kontakte aufnehmen	35
37.	Verwandte	36
38.	Partnerschaft?	36
39.	Familie	37

Nr.		Seite:
40.	Gemeinsames Essen	37
41.	Geduld und Verständnis	38
42.	Präsent sein	39
43.	Smartphone aus	39
44.	Bildschirme aus	40
45.	Soziale Netzwerke aus	40
46.	Fernseher aus	40
47.	Sparsamkeit	41
48.	Überblick	41
49.	Ausgaben planen	42
50.	Finanzielles Polster	42
51.	Guthaben	43
52.	Konsumkredite	43
53.	Schulden	44
54.	Spare	44
55.	Etwas zurückgeben	45
56.	Spende	45
57.	Öfter lächeln	47
58.	Komplimente	47
59.	Die kleine Dinge	47
60.	Für die Umwelt	48
61.	Regional einkaufen	49
62.	Wochenmarkt	49
63.	Kaufen beim Erzeuger	49
64.	Fairtrade	50
65.	Kaufen bio	50
66.	Online-Einkäufe	51
67.	Lebensmittel wegwerfen	51
68.	Karriere	52
69.	Weiterbilden	52
70.	Ausbildung	53
71.	Studium	53
72.	Selbständig	53
73.	Lasse's mal gut sein	54
74.	Alte Hobbies.	54
75.	Neue Hobbies	55
76.	Mit den Händen	55
77.	Gärtnern	55
78.	Lerne eine neue Sprache	56
79.	Kochkurs	56
80.	Tanzkurs	56
81.	Malkurs	57

Nr.		Seite:
82.	Musikinstrument	57
83.	Neue Sportarten	57
84.	Tauchkurs	58
85.	Fallschirmsprung	58
86.	Tandemflug	58
87.	Fliegen	58
88.	Bücher	59
89.	Schreiben	59
90.	Kultur	60
91.	Musik	60
92.	Reisen	60
93.	Traumurlaub	61
94.	Auswandern	61
95.	Dankbarkeit	62
96.	Zeit	62
97.	Selbstliebe	63
98.	Schriebe	63
99.	Gutes tun	63
100.	Genieße	64
101.	Frische Blumen	64
102.	Eine Freude machen	64
103.	Jeden ersten Sonntag	64
104.	Dreimal danke	64
105.	Was macht Dich glücklich	65
106.	Tue das	65
107.	Dein zukünftiges Leben	65
108.	Gedanken	66
109.	Sonnenuntergang	66
110.	Mache's Dir gemütlich	66
111.	Begegne dem Stress	66
112.	Vorhaben	67
113.	Ängste	67
114.	Das Zauberwort	67
115.	Belohnen	68
116.	Unnötiger Kram	68
117.	Dein Auto	68
118.	Mach es schön	69
119.	Ein Baum	69
120.	Erinnerungen	69
121.	Neuer Look	69
122.	Meditieren	70
123.	Abschließen	70

Eine Bemerkung vorweg:

Alle Jahre wieder
kommt das Christuskind
auf die Erde nieder,
wo wir Menschen sind. –

Aber ist das denn nicht ein altes Weihnachtslied? - Ja, ist es.

Was bitteschön hat ein Weihnachtslied mit Guten Vorsätzen für das Jahr 2024 zu tun?
Zugegeben, eigentlich haben Weihnachtslieder recht wenig mit Guten Vorsätzen für den anstehenden Jahreswechsel zu tun, außer daß die Guten Vorsätze genau eine Woche nach Heiligen Abend aktuell werden. Alle Jahre wieder eben ...
Dann feiern wir am 31. Dezember unter dem Namen Sylvester den letzten Tag und damit Abschluss des vergangenen Jahres. - Wir prosten uns nach einem mehr oder minder gelungene Festmahle zu, sprechen einander die allerbesten Wünsche für das kommende Jahr aus und versichern uns, zukünftig wie all die Jahre ein besserer Mensch zu sein: Im neuen Jahr wollen wir nicht mehr rauchen, weniger mit dem Auto fahren, endlich die schon so lange geplante Diät machen, mehr mit der Familie unternehmen und noch vieles mehr. - Ach ja, und auch der Zahnarzt freut sich vielleicht mal über ein Wiedersehen. Viele der anwesenden Personen werden vortragen können, was im neuen Jahr ganz anders und natürlich viel besser wird ... oder werden soll.

Aber nächstes Jahr kommt später. Morgen.
Außerdem ist Neujahr gesetzlicher Feiertag.
Also nichts überstürzen.
Wir haben gute Vorsätze ...

Nicht nur zur Sommerzeit,
nein, auch im Winter, wenn es schneit.

Vorab ein kleiner Zaubertrick:

Gute Vorsätze für das Neue Jahr

Und gleich für ein ganzes Jahr?!
Da kann einem ganz schön anders werden.
Das neue Jahr, dieser noch vor uns liegende Zeitraum, eine dunkle, unbekannte Zukunft, 365 Tage, von denen wir noch nicht wissen, was wird. Und wir fassen jetzt neue Gute Vorsätze, ohne daß wir heute wissen, was die noch vor uns liegenden 12 Monate bringen.

Wenn Du irgendetwas in Deinem Leben ändern willst, Dich selbst in welchen Belangen auch immer verbessern willst, wenn Du etwas Neues einüben, Dir etwas Anderes, etwas Altes abgewöhnen willst, dann kann die kommende lange und unbekannte Zeit der Veränderung schon bange machen.

(An dieser Stelle schalte ich den Ironiemodus dann auch aus.)

Dann verkleiner diesen Zeitraum; sage einfach: „Nur heute"!
‚Nur heute' werde ich dies oder jenes Neue tun

Ich probiere es aus und schaue, wie es mir geht. Oder ich werde ‚nur heute' auf etwas verzichten, was weg kann, z.B. Rauchen, Alkohol, Süßkram etc. Sollte es mir gelingen, dann probiere ich`s morgen noch einmal ‚nur heute'. Und dann wieder.
Solange, bis es zur Gewohnheit wird.

Und sollte es einmal nicht gelingen, dann ist das kein Beinbruch, sondern vielmehr für mich ein Grund, es morgen trotzdem und gerade deshalb noch einmal zu probieren, „nur heute".

Schlimmstenfalls solange, bis es funktioniert.

Gutes Gelingen

1. Das Rauchen aufgeben!

Der Klassiker der guten Vorsätze schlechthin:
„Ganz sicher! Am Jahresende, an Sylvester, Punkt Null Uhr ist Aus! Ende! Dann ist endlich und endgültig Schluss mit Rauchen! Ich fasse dann nie wieder eine Zigarette an. Ich werde Nichtraucher. Ganz sicher! – Es ist mir total ernst! - Ehrlich!"

Hier ein paar Gründe dafür, das Rauchen aufzugeben und Nichtraucher zu werden:
- Die Klamotten stinken, die Wohnung auch,
- beim Rauchen verbrennst Du Unsummen an Geld,
- Rauchen schadet der Gesundheit,
- und der Husten wird auch immer schlimmer,
- Passivrauchen gefährdet alle! – inbesondere die Kinder,
- Light-Zigaretten sind dabei keineswegs ungefährlicher,
- Raucher werden zunehmend stigmatisiert,

    und vieles mehr.

Es gibt viele Regalmeter an Büchern zum Thema im Buchhandel, auch viele Angebote zur Unterstützung. Und wir? Wir winken ab, rauchen aus Gewohnheit weiter. Und andere haben's schon viele Male geschafft, aber auch genauso oft wieder angefangen ... Und Du?

Ich gebe das Rauchen auf am: _ _ · _ _ · _ _ _ _

_ _ · _ _ · _ _ _ _   _ _ _ _ _ _ _ _ _ _ _ _ _
Datum   Unterschrift

2. Auf Alkohol verzichten?

Auch so ein Klassiker. – Die selbst getroffene und freie Entscheidung, in Zukunft weniger zu trinken oder zumindest zeitweise auf den Alkohol zu verzichten, ist sicher besser als eine wohlmeinende Ansprache: „Brauchst Du Hilfe? Hast Du Probleme? Möchtest Du mal drüber reden?" –

Auch wenn dem Alkohol - in Maßen - genuss- und gesundheitsfördernde Wirkungen nachgesagt werden, so ist er doch - wie Nikotin übrigens auch - ein Giftstoff, mit dem wir uns bei längerem Genuss sehr schweren Schaden sowohl am Körper als auch an der Seele zufügen.

Solche Stoffe verursachen binnen kurzer Zeit körperliche und seelische Abhängigkeiten. Sie erzeugen ein Wohlgefühl und den Wunsch nach mehr, richten dabei aber Schäden an, die weit größer sind, als wir überblicken können und uns eingestehen.

Es ist in Ordnung, wenn Du Dir Unterstützung im eigenen Umfeld suchst. Ebenso ist es ok, wenn Du das Problem nicht an die große Glocke hängen und stattdessen diskret behandeln möchtest.

Bei Gesundheits- und Figurproblemen, bei Diäten und bei Einnahme von Medikamenten solltest Du auf Alkohol sowieso verzichten.

Hilfreich ist - und daß nicht nur für den Anfang - eine klare Regelung, wie z.B.: am Wochenende darf Alkohol in Maßen (!) sein, an den Werktagen ist der Sprit tabu.
Oder Du lässt den Alkohol in Zukunft einfach ganz weg.

3. Sport treiben, mäßig und regelmäßig.

Aller guten Dinge sind drei? – Hier kommt noch so ein Evergreen: „Ab sofort wird Sport gemacht!"
Es gibt viele gute Gründe, Sport zu treiben. Und dazu auch sicher ebenso gute Möglichkeiten.

-   Gibt es am Ort ein gut ausgebautes Wegenetz, wo Du Fahrradfahren, Joggen, Wandern kannst?
-   Ist in Wohnortnähe ein Schwimmbad oder ein Fitnessstudio erreichbar?
-   Gibt es Möglichkeiten für die Teilnahme an Kursen (z.B. in Vereinen)

Sprich vorher mit Deinem Arzt, welche Sportarten in Frage kommen, je nachdem, ob Du vorher Sport getrieben hast oder nicht, ob Du übergewichtig bist, Vorerkrankungen hast oder anderes mehr..

Brauchst Du feste Termine? Dann lege fest, zu welcher Zeit, an welchem Wochentag Du Deinem neuen sportlichen Hobby nachgehen willst.
Hast Du Freunde, mit denen Du neue Sportarten ausprobieren und später auch gemeinsam in der Gruppe betreiben kannst? Mit mehreren fällt es oft leichter, Termine auch einzuhalten. Ausreden fallen nicht so leicht. Und Ihr könnt Euch gegenseitig motivieren und Erfolge feiern.

Schraub Deine Erwartungen oder Ziele nicht zu hoch, fange klein an und lasse wenige Termine mit geringen Erwartungen zur Gewohnheit werden. –

Mehr geht dann immer noch.

4. Nimm an Sportveranstaltungen teil

Wenn Du dich für Laufveranstaltungen anmeldest und dort auch erfolgreich teilnehmen willst, erfordert dies ein großes Maß an Vorbereitung, sowohl das tägliche Lauftraining, eine Umstellung Deiner Ernährung, als auch eine Anpassung Deiner gesamten Lebensweise, was Ihrer Gesundheit sehr zugute kommen wird.

Trägst Du dann erstmal das Shirt als Teilnehmer und Finisher einer Laufveranstaltung, vielleicht sogar eines Marathons, sind Dir Anerkennung und Respekt Deiner Mitmenschen sicher, und Sie kannst stolz auf Dich sein.

5. Baue Muskeln auf

Hast Du auch schon vor einem Fitnessstudio gestanden und Dich gewundert, was all die mehr oder weniger sportlich aussehenden Menschen da drin wohl machen?

Dann gehe doch einfach mal hinein, melde Dich für ein Probetraining an und lasse Dir einen Trainingsplan zusammenstellen. Den kannst Du später immer noch nach deinen persönlichen Zielen anpassen.

Trainiere regelmäßig nach dem Trainingsplan, halte deine Termine und Trainingszeiten ein, und frage rechtzeitig Deinen Trainer, wenn's mal klemmt.

Notiere und kontrolliere Deine Ergebnisse und Deine Trainingsfortschritte.

6. Bewegung im Alltag

Wir Menschen sind dafür geschaffen, täglich mehrere Kilometer zu gehen. Unsere frühen Vorfahren waren permanent in Bewegung: Entweder sie suchten nach essbaren Pflanzen, sie jagten nach Fleisch, sie brachten sich vor Gefahren in Sicherheit.

Das ist in der modernen Zeit anders: Wir sitzen im Auto, im Büro, vor Bildschirmen, im Kino, in Kirche oder Kneipe und bewegen uns nicht von der Stelle.

Laut neuesten Erkenntnissen sollten wir uns täglich etwa 30 Minuten bewegen, dreimal je Woche etwa 20 Minuten unser Herz-Kreislaufsystem beanspruchen und dazu noch 2 Liter Wasser trinken.

Bei jeder Bewegung aktivieren wir unsere Muskeln, der Körper wird mit Sauerstoff und Nährstoffen versorgt und kann sich hinterher regenerieren.

Dadurch verbessern sich Abwehrkräfte und Gesundheit.

Um uns zu bewegen, verlassen wir unseren Sitzplatz und damit sprichwörtlich auch unseren Standpunkt. Unsere Sichtweise und unsere Wahr-nehmung verändern sich.

Die Balance und Koordination sind gefordert und werden trainiert. Und wenn wir uns bewegen, z.B. beim Gehen, kommen ganz nebenbei die meisten und besten Ideen.

Nachfolgend ein paar Beispiele für mehr Bewegung im Alltag:

- Fahrradfahren, das Auto stehen lassen,
- Kleine Besorgungen zu Fuß erledigen,
- Zu Fuß gehen, sooft und soweit wie möglich,
- Vor der Arbeit eine Runde spazieren gehen,
- Zügig gehen, auch in der Mittagspause,
- Auf eine gesunde Körperhaltung achten,

- Bei Wartezeiten Muskelpartien anspannen und wieder lockerlassen,
- Gelegentlich aufstehen und strecken,
- Telefonieren im Stehen, oder dabei gehen,
- In Bus oder Bahn stehen, das trainiert Gleichgewichtssinn und Koordination,
- Ein Haltestelle früher aussteigen und den Rest zu Fuß gehen,
- Auf dem Parkplatz nicht vor der Tür parken, sondern ein paar Schritte laufen,
- Statt auf den Aufzug warten, Treppen laufen,
- Hausarbeit wie Staubwischen, saugen, Reinemachen ist auch Bewegung,
- Gemüseschnippeln für die Feinmotorik,
- Vor der Spülmaschine tief die Knie beugen,
- In der Küche zur Lieblingsmusik tanzen, beim Spülen, Kochen, Aufräumen oder ähnl.,
- Auch Gartenarbeit ist Bewegung,
- Mit dem Hund (von Nachbars) Gassi gehen,
- Statt zu Kaffee und Kuchen zum Wandern oder Spazierengehen verabreden,
- Auf einem Bein stehend hin und wieder den Gleichgewichtssinn trainieren
- Einmal wieder ins Schwimmbad gehen.

7. Generell mehr körperlicher Aktivität

Körperliche Aktivitäten können natürlich die im vorigen Kapitel aufgeführten sportlichen Aktivitäten sein.
Wir werden täglich gefangen genommen durch die Allgegenwart der Medien, die ständig unsere Aufmerksamkeit einfordern.

Alternative körperlichen Aktivitäten könnten sein:

- Mitgliedschaft und Besuch im Fitnessstudio,
- Die Jogging- oder Radrunde,
- Der (tägliche?) Spaziergang, durch Feld und Flur, durch den Wald, durchs Wohnviertel,
- Der Schwimmbadbesuch,
- Die Yogastunde,

oder auch

- Handwerkliche Tätigkeiten,
- Arbeit im eigenen Garten,
- Hobbies
- Tanz, Musik, Kultur u.a.

Es muss nicht gleich das große Event sein, einfach „runter vom Sofa". Etwas unternehmen und Leben im Wortsinne erleben statt als Zuschauer vor dem Bildschirm passiv konsumieren und grübeln.

Ein moderater Anfang mit unangestrengten, wenigen, aber konsequenten Einheiten verschafft uns Erfolgserlebnisse und motiviert zum Weitermachen.

Leistung oder große Ergebnisse sind dabei weniger wichtig als das Aktivsein und Erleben, gerne auch in Gemeinschaft. - Das Machen und Tun.

8. Frische Luft muss sein!

Du hast keine sportlichen Ambitionen? Ist Okay.
Gehe trotzdem mal wieder raus aus dem Haus.
Atme wieder ganz bewusst frische Luft.

Der Aufenthalt draußen in frischer Luft „in der Natur"
kann die Laune verbessern, Stress abbauen und wird sich
auf das Immunsystem und die Gesundheit sehr positiv
auswirken.

Gehe einfach mal wieder um den Häuserblock oder nur
auf den Balkon, verbringe ein paar Minuten draußen an
der frischen Luft.

Dein Umfeld eignet sich nicht dazu? Alles kein Problem.
Fahre mit Rad, Auto oder öffentlichen Verkehrsmitteln
zu einem Ausflugsziel, einer Flussaue, zum Park oder in
eine nahegelegene schöne Gegend, wo Du frische Luft
und Natur genießen kannst, wo Du gerne sein magst.

Mache – vielleicht seit langem mal wieder- einen Bummel
durch Einkaufs- oder Fußgängerzone. Setze Dich vor ein
Café, lasse Dir einen Kaffee bringen und beobachte
Menschen. Triff Bekannte um Dich mit ihnen auszu-
tauschen, und lasse Dir den Wind um die Nase wehen
oder spüren Sie die Sonne auf der Haut.

Ein Aufenthalt in der Natur an der frischen Luft kann
Entspannung und vielleicht auch Wunder bewirken, neue
An- und Einsichten ermöglichen und uns auf andere
Gedanken brigen. - Probier`s einfach mal aus.

9. Vorsicht bei Selbstkritik

Selbstbeobachtung und -reflexion haben zweifellos ihr Gutes. Auch Selbstkritik ist wichtig; wenn wir uns beobachten und mit anderen Menschen vergleichen.
„Habe ich angemessen reagiert? War ich aufmerksam genug? Habe ich etwas überreagiert oder hätte ich hier und da etwas sorgfältiger und achtsamer sein können?"

Wenn wir unser Verhalten reflektieren, hilft uns ein gesundes Maß an Selbstkritik, Fehler zu erkennen, aus diesen zu lernen und uns zukünftig angemessen zu verhalten. Doch sollten diese Selbstkritiken nicht allzu streng werden, sie könnten sonst unser Wohlbefinden stören. Wenn die Selbstkritik sich versteigt in Anklage und Verurteilung, wenn sie Selbstzweifel oder Selbstsabotage hervorruft, schaden wir uns nur selbst. Nehmen Sie zukünftig Selbstkritik, und sei sie noch so berechtigt, als Möglichkeit zur Verbesserung und zum Wachstum.

Alle unsere Mitmenschen, Freunde, Familie, nehmen uns so, wie wir sind. Dann können wir das doch auch tun.

Und unser Körper ist in Ordnung, so, wie er ist. Wir haben ihn, und damit uns selbst(!) bisher ernährt und gepflegt. Er, unser Körper, hat uns bisher getragen. Wenn wir uns im Spiegel betrachten erinnern wir uns, was wir erlebt haben, welche Leistungen wir und unser Körper gebracht haben und unter welchen Bedingungen. Und wir erinnern uns, dass wir noch ein paar Jahre miteinander aushalten wollen und üben uns dann in Nachsicht ... und ein wenig Eigenliebe.

10. Das Thema Abnehmen und Diät halten

Abnehmen ist auch so ein Klassiker, noch ein weiterer in der Reihe der Guten Vorsätze.

Wir dürfen es als erwiesen ansehen, daß die meisten Diäten schiefgehen. Nach ein bis zwei Jahren sind die Kandidat*innen beim ursprünglichen Übergewicht oder darüber hinaus, wie Forschungen und Beobachtungen über und von Diätmaßnahmen gezeigt haben.

Statt immer neuer Abnehmkuren, Crashdiäten und ähnlichem melde Dich bei einer Ernährungsberatung an und beginne, eine gesündere Lebensweise zu lernen und beizubehalten.

Unerschöpflicher Nahrungsvorrat aus Kühlschrank und Ladenregal ist recht neu in der Menschheitsgeschichte, so daß sich unser Stoffwechsel, der aus vergangener Zeit eher Mangelwirtschaft gewohnt ist, nicht an die neuen Lebensumstände angepasst hat.

Wir müssen heute keine Lebensmittel mehr selber anbauen, auch nicht mehr körperlich arbeiten. Statt selbst zu kochen, ernähren wir uns viel zu oft von Fast food, Fertignahrung und Süßkram – von diversen Softdrinks und alkoholischen Getränken ganz zu schweigen.

Trotz aller Bodypositivity haben auch ein paar wenige Pfunde zuviel nicht nur positive Auswirkungen auf unser Wohlbefinden sondern ebenfalls sehr negative Einflüsse auf unsere Gesundheit.

Besser wäre für deine Zukunft eine gesunde Diät - im griechischen Wortsinne „Lebensweise" - und eine ebensolche gesunde Ernährung.

11. Abnehmen

Sollte doch der Gute Vorsatz „Abnehmen" aktuell werden, drehe an vielen kleinen Stellschrauben und stell Deine Ernährung ein wenig um – täglich und ein kleines bisschen. Suche Dir kleine Dinge, die Dir kleine Erfolge bringen und dabei nicht allzu weh tun, so zum Beispiel:

- Trinke! Trinke Wasser, etwa 2 Liter am Tag; ob spritzig, medium oder still,
- Oder trinke Tee, Kaffee oder Espresso, nur bitte ohne Milch und ohne Zucker.
- ReduziereAlkohol auf ein Minimum.
  (wenig und nicht jeden Tag).
- Verzichte auf Zucker und Süßstoffe.
- Lass am Besten Süßkram und Knabbereien generell weg, iss umso mehr Obst und Gemüse.
- Verzichte auf Light-Produkte.
- Und iss langsam und bewusst.
- Kaue jeden Bissen, bestenfalls 20-25 mal.
- Und iss mäßig, aber regelmäßig.
- Einmal am Tag iss Dich satt mit dem, was Du gerne magst.
- Verzichte auf „Snacks" und belasse es pro Tag bei 2-3 Hauptmahlzeiten.
- Verzichte hin und wieder auf eine Mahlzeit und versuchen Intervallfasten.
- Schlafe gut, mind. 6 Stunden pro Nacht, vermeide unbedingt Schlafmangel.
- Führe ein Ernährungsprotokoll, um zu sehen, was Du täglich zu Dir nimmst.

12. Fast Food streichen

Ab sofort ist Fast Food vom Speisezettel gestrichen, weil wir uns in Zukunft gesünder ernähren wollen.

Aus reiner Bequemlichkeit greifen wir bisher immer wieder zurück auf Fertiggerichte, die von Fast-Food-Ketten und Nahrungsmittelindustrie massenhaft hergestellt werden, extra schmackhaft zubereitet, bunt verpackt und zum Sonderpreis angeboten.
Nur leider wird Fast Food in Verbindung gebracht mit Übergewicht und schlechter Ernährungsqualität sowie mit einem hohen Krankheitsrisiko, speziell für Diabetes und Herzkrankheiten.

13. Zielgewicht erreichen und halten

Setze Dir ein Ziel, dass Du erreichen willst.
Dies kann ein Ideal- oder Traumgewicht sein oder ein Wohlfühlgewicht, das Du gerne erreichen und dann auch halten willst. - Oder eine neue Konfektionsgröße ... für die neue Jeans.
Dabei solltest Du selbst fest davon überzeugt sein, daß Du dieses Ziel auch erreichen *kannst*.
Setze Dir ein realistisches Ziel mit dem Du dich wohlfühlst, hole Dir Unterstützung, eventuell durch Ernährungsberatung und vermeide den Jojo-Effekt.

Datum: _ _ _ _ _   Mein Ziel in kg: _ _ _ _ _

Unterschrift: _

14. Gesund und ausgewogen ernähren

Gesunde Ernährung ist angesagt, eine neue, gesunde Lebensweise – im griechischen Wortsinne: „Diät".

Anstelle von Fast Food und Fertigpizza treten Selbstgekochtes, vor allem mit naturbelassenen Lebensmitteln wie Fisch, Gemüse, Nüsse, Obst, Samen und Vollkornprodukten, neudeutsch auch: Slow Food!

Tiefgekühltes Gemüse ist erlaubt - frisch zubereitet.
Fertige Gerichte, die nur aufgewärmt werden müssen sowie stark verarbeitete Lebensmittel mit langen Zutatenlisten sind tabu, ebenso Süßigkeiten, Softdrinks und Alkohol jeglicher Art.

Eine abwechslungsreiche, ausgewogene Ernährung ist eine wirksame Maßnahme, Krankheiten wie Adipositas, Bluthochdruck, Diabetes und Herzerkrankungen vorzubeugen sowie Risikofaktoren zu verringern.

Außerdem dürfte eine ausgewogene, abwechslungsreiche Ernährung leichter durchzuhalten sein als immer wieder neue Diäten.

15. Koche selbst

Koche ab sofort einfach frisch und selbst.
Beginne mit einfachen Gerichten, besorge Dir ein paar leckere Rezepte und die nötigen Utensilien. Und dann fange an und bereite Dein Essen selber zu; auch all das, was Du für Deine Pausen mitnehmen.
Du lebst dadurch besser, billiger und gesünder.

16. WenigerFleisch essen?

Iss weniger Fleisch! - Nicht nur, weil die Tiere bei Haltung, Transport und Schlachtung Leiden erdulden müssen, nicht nur weil die Nutztierhaltung viele Ressourcen verbraucht, sondern weil es gesünder ist, ab und an mal auf Fleisch zu verzichten.

Es war auch für unsere Vorfahren längst nicht selbstverständlich, sich von Fleisch zu ernähren. Das Übliche war eher vegetarische, wenn nicht sogar vegane Kost.

Frage Deine Groß- oder Urgroßeltern, erfrage bei den Vorgängergenerationen, soweit diese noch leben, was vor sechzig oder siebzig Jahren zu Mittag oder zu Abend auf den Tischen stand.

Fleisch dürfte da eher die Ausnahme gewesen sein. - Ein oder zwei fleischlose Tage pro Woche wären heute schon ein guter Anfang.

17. Mehr Rohkost, Obst und Gemüse

„An apple the day keeps the doctor away."

Ein Apfel am Tag oder die tägliche Portion Obst kann für Gesundheit und Immunsystem viel Gutes wirken.

Obst und Gemüse gehören zu einer gesunden und ausgewogenen Ernährung einfach dazu. Rohkost hilft uns dabei, Risikofaktoren für Krankheit zu verringern und gesünder zu leben.

Im Übrigen können heimische Obst- und Gemüse-sorten mit exotischen Superfoods sehr gut mithalten.

18. Vegetarisch oder vegan leben

Es gibt zahlreiche Bücher mit Rezepten für vegane oder vegetarische Ernährung, aus denen Du dir Rezepte für Deine Lebens- und Ernährungsumstellung besorgen kannst. Fleischlose oder vegane Ernährung ist heute gut möglich unter Verwendung von frischen Früchten, Gemüse, Obst und Samen.
Probiere's aus. Und wenn Dir die vegane/vegetarische Ernährung zu sehr eingeschränkt vorkommt, kannst Du selbige immer noch auf Flexitarier/Pescetarier erweitern.

19. Verzicht auf Snacks und Süßkram

Und wenn wir schon bei gesunder Ernährung sind, dann könnten wir doch für die nächste Zeit mal auf Süßkram und Snacks verzichten.
Vermeide Zwischenmahlzeiten, bei denen Du sowieso mehr Kalorien zu dir nimmst als geplant.
Zum Stressabbau -„Ich brauch das jetzt."- oder mal eben zwischendurch -„Man gönnt sich ja sonst nix."– belasten wir unseren Körper mit viel zu vielen unnötigen (und ungesunden) Kalorien.

Durch den Zucker geht der Insulinspiegel hoch; das Insulin stoppt die Fettverbrennung, macht uns müde und macht neuen Appetit auf noch mehr ... Süßkram.
Und teuer isse's auch.

Ein Verzicht auf Snacks und Süßkram ist also durchaus förderlich für die gesunde Ernährung, für die Waage und für den Geldbeutel. - Warum als nicht?

20. Trinken, aber richtig

Trinke täglich! Und trinke genug, und zwar Wasser, ob Sprudel, Medium, stilles Wasser oder ungesüßten Tee! Auch schwarzer Kaffee oder Espresso ist drin. Aber bittte ohne Milch und ohne Zucker!
Vermeide zuckerhaltige oder gesüßte Getränke, Milch oder Energydrinks. Du sparst unnötig Kalorien - und Geld.
Trinke pro Tag etwa 2 bis 3 Liter Wasser, gerne in kleineren Portionen. Und trinke vor dem Essen, das füllt den Magen etwas.
Ausreichendes Trinken kommt der Fitness und Leistungsfähigkeit, der Verdauung, kurzum Deiner Gesundheit sehr zugute.

21. Verzicht auf gesüßte Getränke

Zuckerhaltige und gesüßte Getränke werden in Verbindung gebracht mit erhöhten Risiken für sehr unangenehme, aber vermeidbare Erkrankungen wie Adipositas und Übergewicht, Diabetes sowie Herz- und Zahnproblemen.
Der Genuss von Zucker und Süßungsmitteln lässt den Insulinspiegel steigen; das wiederum macht müde und erzeugt noch mehr „Durst" und Appetit.
(Siehe oben)

Ein Verzicht auf gesüßte Getränke scheint demnach ebenso angebracht wie der Verzicht auf Snacks und Süßigkeiten; vielleicht nicht unbedingt als Schocktherapie, sondern nach und nach, aber konsequent.

22. Einkaufen, aber regelmäßig

Gehe regelmäßig einkaufen und fülle Kühl-schrank und Vorratskammer mit gesunden Zutaten für Deine gesunde Ernährung und für den Haushalt. Teste, probiere und finden die Geschäfte und Märkte, wo Du deine Lebensmittel finden und kaufen kannst.Und vergleiche die Preise, um Deine Geldbörse zu entlasten.

Lege Dir einen Tag fest, an dem Du auf dem Wochenmarkt, beim Bäcker, beim Metzger, im Supermarkt Deinen täglichen Bedarf einkaufst.

23. Zeitgemäß und plastikfrei einkaufen?

Wenn Du schon gesund leben willst, wenn Du Deine Ernährung umstellen, Dich mehr bewegen oder was auch immer besser machen willst in deinem Leben in Sachen Ernährung und Gesundheit, achte bitte auch auf die Verpackung. Unserer Gesundheit und der Umwelt nützt es sehr, wenn wir auf Kunststoff, Plastik und unnötige Verpackung verzichten und Müll vermeiden.

Es gibt heutzutage gute Möglichkeiten, Haushalts- und Lebensmittel verpackungsfrei einzukaufen (auch wenn das den Einkauf nicht unbedingt einfacher macht).

Lagere Lebensmittel in plastikfreien Behältern.

Achte bei Produkten für Waschen und Sauberkeit, für Reinigung, Kosmetik und Körperpflege auf natürliche Ausgangsstoffe.

Dadurch kannst Du vermeiden, mit Deiner Ernährung Mikroplastik aufzunehmen und Deiner Gesundheit dadurch Schaden zuzufügen.

24. Schlafe gut ... und genug

Und der Wecker hat schon wieder zu früh geklingelt. -

Dabei hatten Sie doch gehofft, ausgeschlafen zu haben, aber stattdessen ging es gestern Abend doch wieder länger, weil die Gäste einfach nicht gehen wollten, die Sportübertragung kein Ende nahm oder das dicke Buch einfach zu spannend war um es aus der Hand zu legen.
Aus welchen Gründen auch immer, Sie haben den Weg ins Bett wieder mal nicht gefunden und morgens folgte dann der Katzenjammer, als der Wecker tat, wofür er da ist - er klingelte. Und wie!

Unser neuer Vorsatzheißt: Wir gehen früher zu Bett, damit wir morgens ausgeschlafen sind. - Naja, zumindest einigermaßen wenigstens.

Rechne, wenn Du deinen Wecker stellst, ausreichend zurück, damit Du mindestens 6 – 7 Stunden Schlaf bekommst; und gehe dann auch zeitig zu Bett. - Oder Du nimmst Dir für die Zukunft generell eine feste Schlafenszeit vor.

Vermeide Schlafmangel. Dein Körper wird es Dir danken, wenn Du ihm zukünftig genügend Schlaf gönnst.
Du bist fit, leistungsfähig, gut gelaunt, wenn Du ausgeschlafen bist, Du kannst dich besser konzentrieren, und Du hast mehr vom Tag

Schlafmangel kann Risiken für Depressionen, Gewichtszunahme und Herzkrankheiten erhöhen.

Sorge für Ruhe und Dunkelheit im Schlafzimmer, lege Dir ein Einschlafritual zu und dann:

Schlaf gut.

25. Auf den Körper und sich selber achten

Nach den Guten Vorsätzen der vorherigen Seiten hier noch etwas, was wir gerne übersehen: Achte auf Deinen Körper, achte auf Dich selbst und Deine Gesundheit, sorge für Bewegung und für eine gesunde Ernährung, schaffe Dir einen Lebensinhalt über die tägliche Arbeit hinaus, sorge für Perspektive, Sinn und gute Laune in deinem Leben. - Über Glück reden wir dann später.

Gönne Dir hin und wieder eine Auszeit, nimm Dir einfach nur ein bißchen mehr Zeit z.B. für ein ausgiebiges Bad, für Körperpflege, Haut- und Zahnpflege und was Dir sonst noch gut tut. – Und was Dir, Deinem Körper und der Seele nicht so gut tut, kann dann mal weg.

26. Arztbesuche einplanen

Wann hast Du eigentlich zum letzten Mal eine Haus- oder Facharztpraxis betreten. Oder gehst Du, wenn's weh tut, wenn gar nichts mehr geht?

Im eigenen Interesse gehe mindestens einmal im Jahr zu Deinem Haus- oder Zahnarzt und lass nachschauen, ob alles in Ordnung ist. Eine frühzeitige Erkennung und Behandlung erhöht die Heilungschancen ungemein, bevor es zu ernsthaften Problemen kommt.

Wenn z.B. der Zahnarzt rechtzeitig bohrt, ist das weniger schmerzhaft und günstiger als Zahnersatz.

Wann war gleich der nächste freie Termin?

Am _ _ _ _ _ _ _ _ _ _ _ _ und am _ _ _ _ _ _ _ _ _ _ _ _

27. Apropos: Zahnpflege

Wenn wir essen oder trinken, tun wir das mit dem Mund. Alles, was wir unserem Körper zuführen, nehmen wir über den Mund auf (auch die Atemluft).

Dabei kommt es auf und zwischen unseren Zähnen zu Verunreinigungen, die, wenn sie nicht zeitig entfernt werden, Zahn- oder Munderkrankungen oder auch ‚nur' unangenehmen Mundgeruch verursachen.

Eine hinreichende Zahnhygiene mit Zähneputzen und Verwendung von Zahnseide kann hier Wunder wirken.

Mangelnde Zahnhygiene kann auch zu ernsthaften Erkrankungen führen. Das Immunsystem wird durch Zahnfleischentzündungen geschwächt. Karies entsteht. Durch z.B. nichtbehandelte, kranke Zähne gelangen Bakterien in den Körper und lösen dort Entzündungsprozesse aus, die das Risiko für Rheuma, Herz- und Lungenerkrankungen drastisch erhöhen.

Mittel der Wahl oder zumindest ein Guter Vorsatz wären, zukünftig auf ausreichende Zahnpflege zu achten durch regelmäßiges Zähneputzen, die Verwendung von Zahnseide und regelmäßige Besuche beim Zahnarzt - und sei es nur zum Nachschauen.

Und sollte es trotz Zähneputzen usw. einmal nicht beim Nachschauen bleiben, dann ist ein kleines Löchlein, das der Zahnarzt nachbohren muss um einiges weniger unangenehm als z.B. eine Wurzelbehandlung oder Zahnersatz, was dann nicht nur wehtut, sondern auch noch richtig Geld kostet.

28. Erledige Dinge sofort

Ob wir es Aufschieberitis oder Prokrastination nennen; tue das, was getan werden muss, was anliegt. Tu's, und zwar sofort.

Alles, was Du jetzt nicht tust, das wird sehr bald, in den nächsten Tagen zu einem Berg anwachsen, der Dich blockiert, und der für unnötigen Stress sorgt.
All die täglichen Kleinigkeiten wie ein kurzer Anruf, einen Termin vereinbaren, eine Überweisung, einen Brief zur Post bringen oder vielleicht drei Teller abwaschen und den Müll runterbringen. Eigentlich ist so vieles schnell erledigt, aber wir schieben es immer wieder vor uns her, statt Dinge sofort zu tun und so aus der Welt zu schaffen. Erledigt heißt: „*Aus den Augen, aus dem Sinn.*" – Du hast Kopf und Hände frei für andere, nicht weniger wichtige Dinge, die ebenfalls getan werden wollen.

29. Halte Ordnung

Räume auf! Jetzt, gleich, sofort! Lasse nichts herumliegen. Räume Klamotten in den Schrank oder in den Wäscheeimer, Dokumente in den betreffenden Ordner, Bücher ins Regal, sauberes Geschirr ins Küchenbuffet.

In einer aufgeräumten Wohnung lebt sich's besser, und Du musst Dich vor Besuchern nicht mehr rechtfertigen; und Du kannst nachts dann auch besser schlafen, wenn alles aufgeräumt und erledigt ist.

30. Und was ist mit Sauberkeit?

Und wenn dann alles an seinem Platz ist, holst Du gleich noch den Staubsauger raus, saugst die Bude durch, wischst vorher noch schnell den allergröbsten Staub von den Möbeln und bringst die Hütte wiedermal so richtig auf Vordermann. Regelmäßig!

In einer aufgeräumten und sauberen Umgebung können wir uns erst so richtig sicher und wohlfühlen. Die regelmäßige Reinigung und Beseitigung von Schmutz und Staub hilft vorzubeugen gegen Allergien und die Vermehrung von eventuell krankmachenden Bakterien zu verhindern. Zudem schützen Aufgeräumtheit und Sauberkeit von Fußböden vor Haushaltsunfällen.

31. Und dann: Mache alles anders!

Bringe neuen Schwung in deine Wohnung, neue Tapeten, neue Farben an die Wände, vielleicht hier und da einen neuen Fußboden sowie saisonal und farblich passende Deko.

Renoviere endlich das alte Bad mit modernen, neuen Fliesen, neuen Armaturen und kaufe neue Möbel - nicht nur fürs Badezimmer.

Schaffe Dir ein neues, angenehmes Ambiente und Wohngefühl in Deinen vier Wänden und damit einen passenden Rahmen für dein völlig neues Leben, wenn Du all die Guten Vorsätze aus diesem Buch umsetzen wirst.

32. Triff Entscheidungen

Auch wenn Du hinterher damit haderst, die falsche Entscheidung getroffen zu haben, entscheide Dich ... immer wieder neu.

Wir kommen nicht drumherum, uns zu entscheiden, sei es die mittlere oder die linke Autobahnspur, die Supermarktkasse, wo wir am schnellsten fertig sind (was nie funktioniert), für den einen oder anderen Fernsehsender oder Kinofilm.

Wir haben zu entscheiden für oder gegen Job, Hobby, Partner*in, Freunde, Geld anlegen oder ausgeben, Auto, Urlaub, vieles mehr. Und jede Entscheidung hat ihr Wenn und ihr Aber.

Entscheiden kann und muß man trainieren, ebenso das Abwägen des Für und Wider. Also lasse Dich nicht entmutigen und treffe – überlegt und begründet – Deine Entscheidungen.

33. Lasse andere entscheiden

Schenke den anderen Menschen um dich herum dein Vertrauen, lasse die Anderen Entscheidungen treffen, und dann schau, was passiert.
Gib hin und wieder Verantwortung und Kontrolle an andere Personen ab und spare Dir selber den Stress, entscheiden zu müssen; ganz egal, ob es um die Farbe fürs neue Auto oder die Wahl des Restaurants am Abend geht. Oder um was auch immer.

Vieles wird gut, manches auch besser oder vielleicht sogar ganz anders als erwartet.

34. Mehr Zeit für die Freunde

Pflege Deine Freundschaften und widme guten Freunden wöchentlich ein wenig Zeit.

Nicht selten halten die frühesten Freundschaften aus der Schulzeit bis ins Erwachsenenalter. Aber auch in späteren Jahren kommt es immer wieder vor, daß wir Menschen begegnen, mit denen wir Interessen teilen, stundenlang quatschen und reden oder einfach nur „gut miteinander können". Daraus erwachsen dann Beziehungen und Freundschaften, die Jahre oder gar ein ganzes Leben andauern.

Doch sind diese unsere Freundschaften wie so vieles im Leben zarte Pflänzchen, die gepflegt sein wollen.
Unter Freund*innen kann frau/man herzlich lachen, sich gegenseitig die Meinung sagen, einfach nur Smalltalk halten oder auch Ansichten austauschen und zu neuen Einsichten kommen, wenn im Gespräche verschiedenste Standpunkte zur Sprache kommen. Dazu braucht es dann aber einfach ein wenig Zeit, die Du dir für deine Freunde freihalten musst.

Greife mal wieder zum Hörer, rufe Freunde an und verabrede einen Termin zum Klönen, Kaffeetrinken, zum gemeinsamen Essen oder auf ein Bier.
Freunde sind Ersatz für die weit entfernte Familie, lassen die Welt und das Leben aus einer anderen Perspektive sehen und geben uns Halt. Es braucht manchmal nur ein wenig Zeit, ein bißchen guten Willen … und ein Telefon.

35. Den Freundeskreis erweitern

Na, kannst Du mal wieder ein wenig frischen Wind gebrauchen, ein wenig Abwechslung? Wäre es mal wieder an der Zeit, neue Leute kennenzulernen, mit denen Du über andere Themen sprechen oder neue Dinge kennenlernen kannst.

Behalte die alten Freundschaften getrost bei, aber gehe raus, werde aktiv und gönne Dir und deinem Leben ein wenig Abwechslung.- Freunde kann man nie genug haben. Und vielleicht passen alte und neue Freunde ganz gut zusammen. Möglicherweise kennen die sich sogar schon, und nur Du selbst hast noch gefehlt. ☺

Gehe einfach mal los.

36. Kontakte wieder aufnehmen

Hast Du noch Kontakt zu den Klassenkameraden, Schul- oder Jugendfreunden, aus der Berufs- oder Hochschule, zu alten Arbeitskollegen, zu Sportsfreunden oder zu alten Nachbarn, die du nach deren oder dem eigenen, vorletzten Umzug aus den Augen verloren hast?

Wenn es sich ergibt, nimm Kontakte wieder auf und wenn Du die Adresse hast, dann ruf an, schreib eine nette Nachricht oder fahr vorbei. Wenn Du alte Bekannte auf der Straße siehst, sprich sie an - vorausgesetzt natürlich, es passt. – Und dann sei gespannt, was passiert.

37. Verwandte besuchen

Wann hast Du eigentlich deine Eltern, Großeltern oder Geschwister zum letzten Mal gesehen? Wann hast Du Patentante oder -onkel, regional auch Gote oder Petter, zum letzten Mal besucht? - Kann es sein, daß hier mal wieder ein Besuch ansteht? - Früher traf man sich bei Geburtstagsfeiern oder bei Familienfesten. Später nur noch bei Beerdigungen.

Vereinbare und plane - vielleicht mit anderen - einen Termin für ein Verwandtschafts- oder Familientreffen. Oder erschienen zum Geburtstag, ob völlig überraschend oder mit Anmeldung, um den Verwandten, die Du ganz besonders magst, die Ehre zu geben bzw. ihnen einfach nur zu gratulieren.

38. Und wo bleibt Eure Partnerschaft?

Reserviere unbedingt Zeit zu zweit, und das nicht nur vor dem Fernseher, wo ihr abwechselnd die Hoheit über die Fernbedienung ausübt.

Trotz Karrierestreben, Beruf und Erfolg, trotz aller Fürsorge für Kinder und Familie, dem Nebenjob und Ehrenamt ist da noch die eine Person, mit der du den Bund fürs Leben geschlossen haben „bis das der Tod uns scheidet" oder auf Eure eigene Art und Weise.

Gönne Dir und Euch eine Paarzeit „allein mit Schatzi" beim Spaziergang, dem gemeinsamen Sport oder dem Einkauf, dem Kurzurlaub oder einem guten Essen.

Ungestört und ohne Handy!

39. Mehr Zeit für die Familie

Wie oft hast Du schon beschlossen, deiner Familie mehr Zeit zu widmen, wie oft hast Du's schon versprochen, wie oft war dann doch nichts mit der Familienidylle?

Wer waren noch gleich die Personen, mit denen wir unser Leben verbringen, mit denen wir so glücklich sein wollten, wer die Menschen, deren Wohlergehen uns so sehr am Herzen liegt?

Vielleicht bestimmst Du gemeinsam mit den Deinen einen Familientag, den die Familie gemeinsam verbringt, ganz ohne Störungen von außen, ohne Arbeit, ohne Stress, ohne Termine ... und ohne Handy.

40. Mehr Zeit für gemeinsames Essen

In unserer modernen Welt ist das altbekannte Ritual des gemeinsamen Essens aus der Mode gekommen durch unterschiedlichste Arbeitszeiten, Lebensgewohnheiten und die ständige Vefügbarkeit unserer Ernährung.

In früherer, lang vergangener Zeit wurde gemeinsam gegessen, wenn das Essen in der Küche zubereitet war. Die ganze Familie saß dann gemeinsam zu Tisch. In einzelnen Familien, auch in kleineren Betrieben wird die Tradition heute noch gepflegt, daß man gemeinsam zu Tisch sitzt, isst und trinkt, und bespricht, was besprochen werden muss.

Vielleicht ist die gemeinsame Mahlzeit mit der Familie, ob morgens, mittags oder abends, auch einen Guten Vorsatz wert?

41. Geduld und Verständnis

Wenn Du in Zukunft mehr Zeit verbringst mit der Familie, mit Verwandten und Bekannten, übe Dich in Geduld und hab Verständnis, wenn's mal nicht gleich so läuft, wie gewünscht, wenn's hier und da mal klemmt, wenn ein Kind mal über die Stränge schlägt, ein Glas zu Bruch geht oder die/wir Erwachsenen unsere Macken und Schrullen haben.

Wenn wir uns nach langer Zeit und Vorbereitung zu Besuch oder sonst wiedersehen, wenn endlich, nach langer Zeit ein Familientag oder gar Urlaub ansteht, sind die Erwartungen recht hoch. Und genau dann passiert es; die gute Vase mit den schönen Blumen fällt um und der Inhalt ergießt sich über den Tisch. Oder es geschieht vielleicht ein ganz anderes Malheur.

Ich weiß nicht, warum Eltern gerade jetzt unaufmerksam waren und ihr Kind diesen einen Moment ausgenutzt und dies oder das angestellt hat, warum die Person vor mir einen Schritt zurück macht und auf meinem Fuß steht warum andere ,vergessen', mich respektvoll zu grüßen, oder, oder, oder. Und ich weiß auch nicht, was Andere erlebt haben oder jeden Tag erleben; warum sie so sind, wie sie sind.

Aber ich kann es mir zu eigen machen, statt aus der Haut zu fahren oder schlechte Laune zu verbreiten, zur Lösung eines Problems beizutragen, für gute Stimmung zu sorgen, Geduld üben, Nachsicht und Verständnis zeigen, … Nerven schonen. –

Auch so'n Guter Vorsatz …

42. Präsent sein, nicht nur anwesend

„Hörst Du mir überhaupt zu?" - „Aber ja doch."

Ach, wirklich?! – Warst Du gerade irgendwo, ganz woanders, nur nicht bei deinem Gesprächspartner?

Präsent im Hier und Jetzt sein heißt, mit allen Sinnen anwesend, mit der ganzen Aufmerksamkeit und dem vollen Bewusstsein wirklich hier in diesem Augen-blick da sein statt nur physisch dabei; aber gleichzeitig in Gedanken spazieren gehen.
Machst Du auch Multitasking und glaubst, so viel gleichzeitig erledigen zu können? Müssen Familie und Freunde mit dem Handy konkurrieren, weil Du ja ach so dringend noch etwas im Netz suchen, bearbeiten und abspeichern müssen? Oder musst Du im neuesten Online-spiel Dein Level halten und kannst jetzt unmöglich aufhören?

Stattdessen gönne Deinen Lieben deine ungeteilte Aufmerksamkeit. Sie werden's dir sicher danken.

Übrigens: Die meisten Unfälle, im Haus, am Arbeitsplatz, im Verkehr, passieren, weil irgendwer „nicht so richtig bei der Sache war".

43. Schalte Dein Smartphone aus

Wie haben wir nur früher gelebt, ohne Smartphone?
Teste hin und wieder, ob Du es ohne schaffst. Schalte das Handy ausb, widme Dich lebenden, echten Menschen, mit denen Du von Angesicht zu Angesicht kommunizieren kannst.

44. Schalte Bildschirme ab

Schalte, wann immer möglich, Bildschirme ab, die Dich mit bunten Bildern, mit Informationen und allerlei Dingen bombardieren, die für das eigene Leben herzlich wenig Bedeutung haben werden.

Widme dich der Familie, pflege Hobby, Haus und Garten, die gute Nachbarschaft, treibe Sport.
Die Arbeit lass im (Heim-)Büro, nimm sie besser nicht mit nach Hause bzw. in deine Privaträume.

45. Schalte die sozialen Netzwerke ab

Blogger und Influencer werden nicht Deinen Rasen mähen, nicht deine Wohnung putzen und auch nicht Dein Leben führen. Das musst Du schon selbst. Und Du musst auch nicht (!) jede Nachricht, jeden Post beantworten oder kommentieren.

Das Leben findet immer noch in realiter statt, in der Wirklichkeit. Darum schalte ruhig mal ab.

46. Schalte den Fernseher aus

Bad news is good news. Fernsehen will Aufmerksamkeit, und Werbung braucht Zuschauer.
Spar Dir das Nachrichtengetöse, das ständig nach deiner Aufmerksamkeit giert mit den neuesten Informationen über Katastrophen, die gerade geschehen, wer wann wo mit wem und wohin auch immer gekommen ist.

Schalte die Flimmerkiste aus und lebe.

47. Sparsamkeit

Das der folgende Spruch uralt ist, ändert nichts an seiner Wahrheit, daß nämlich immer mal wieder *„am Ende des Geldes so viel Monat übrig ist"*.

Vielleicht solltest Du zukünftig Deine Geldstrategie ein klein wenig verbessern. Sparsamkeit könnte die Lösung sein. - Prüfe, was Du zum Leben unbedingt brauchst für Miete, Haushalt, Mobilität[1] und außerdem, was Du gerne haben möchtest; und dann überprüfe, was Du dir leisten kannst.

Wo wir gerade bei Guten Vorsätzen sind: Verschaffe Dir einen Überblick über Deine Einkünfte und Ausgaben im Laufe des Monats. Und dann plane deine Ausgaben neu, fange an zu sparen.

48. Verschaffe Dir einen Überblick

Schau mal wieder auf deinen Kontoauszug und liste auf (schriftlich!), was wann abgebucht oder abgehoben wird, und wofür Du dein Geld verwendest.

Führe z.B. ein Haushaltsbuch. Nimm ein Blatt Papier, mache ein Tabelle und liste auf der einen Seite die Einnahmen, auf der anderen Seite die Ausgaben auf.
Oder besorge Dir dafür eine App oder ein Programm.

Verschaffen Dir einen Überblick und schaue, wo Luft ist, wo Du sparen kannst ... oder musst.

---

[1] Die Liste ist bei weitem nicht vollständig. Später mehr.

49. Plane und reduziere Deine Ausgaben

Teile Deine Ausgaben in fixe/feste und variable, d.h. in veränderliche Kosten ein: Fixe Kosten sind z.B. Miete, Strom, Versicherungen, Kreditraten, Handy- oder andere Gebühren; und variable Kosten sind z.B. Lebensmittel, Kino, Kleidung, Haushalt, Freizeit, Tanken u.a.. Spontankäufe, Ausgehen und andere Annehmlichkeiten kommen dann noch dazu.

Reduziere Deine Spontanausgaben: Wenn Du jeden Tag beim Bäcker einen Kaffee, eine Limonade, ein Brötchen oder andere Leckereien kaufst, kommen bei 20 Arbeitstagen schnell €100,- zusammen, die in der Haushaltskasse fehlen.

Guter Vorsatz könnte sein, Haushaltsbuch zu führen, einen Überblick und einen Finanzplan zu schaffen und zu prüfen, wo man Kosten verringern kann, durch z.B. günstigere Verträge, Angebote nutzen und günstiger Einkaufen, sowie vieles andere mehr.

50. Lege Dir ein finanzielles Polster an

Für besondere Ausgaben lege Geld beiseite. Spare auf ein gesondertes Konto für den großen Urlaub, für neue Anschaffungen, für die Renovierung des Hauses oder der Wohnung oder anderes mehr.

Oder lege für Unvorhersehbares 2 bis 3 Monatsgehälter auf ein Festgeldkonto, so daß Du im Notfall einen gewissen Betrag für besondere Ausgaben, für dringende Reparaturen, etc. zur Verfügung haben.

51. Führe Dein Konto im Guthaben

Auch wenn der Zinssatz für Dispokredite noch so sehr lockt, der günstigste Dispo ist der, den Du nicht in Anspruch nehmen musst.
Vermeide unbedingt jede Kontoüberziehung und führen Dein Konto im Guthabenbereich. Gib nur Geld aus, das Du auch wirklich (übrig) hast.

Wenn Du ein Haushaltsbuch bzw. einen Finanzplan aufgestellt hast, kennst Du ja Deinen Spielraum für Spontan- oder Impulskäufe. Halte diesen Rahmen ein.
Du musst Ihn ja nicht unbedingt ausnützen und kannst Dir dann noch etwas Geld zusätzlich sparen.

Bei spontanen Ideen und Kaufwünschen gib dir einen oder bei größeren Anschaffungen auch mehrere Tage Bedenkzeit und überlege, ob der spontane Kaufwunsch immer noch unumgänglich ist. Und dann schau nach, ob auf dem Girokonto noch genügend Kohle verfügbar ist.

52. Vermeide Konsumkredite

Wenn Du etwas kaufen möchtest, dann kaufe es, wenn Du es dir leisten kannst; notfalls kaufe gebraucht. Oder Du finanzierst Deinen Kaufwunsch durch das finanzielle Polster (s.o.), das du bereits angelegt hast.

Bevor Du Konsumkredite in Anspruch nimmst oder Ratenzahlung vereinbarst, prüfe erst, welche Zinsen zu zahlen sind. – Schau mal auf die Gesamtsumme, die sich einschlißlich Zinsen ergibt und überlege, ob es Dir das wert ist.

53. Baue Schulden ab

Wenn Du noch bestehende Verbindlichkeiten und Alt-kredite oder bestehende Finanzierungen per Raten-zahlung zu bedienen hast, dann ist der Vorsatz für die kommende Zeit, zuallererst diese Verbindlichkeiten ab-zutragen.
Schau in Deinem Haushaltsbuch und Finanzplan, wo Luft ist und verwende das Geld, um die Verbindlichkeiten schnellstmöglich bzw. in überschaubarem Zeitraum abzutragen.

54. Spare!

D hast dir über Deine finanziellen Verhältnisse einen Überblick verschafft, kennst jetzt deine Einnahmen und Ausgaben, Du führst ein Haushaltsbuch, hast einen Finanzplan aufgestellt und stellst fest, daß bei all deinen Einnahmen und nach Abzug aller Ausgaben noch Luft ist.

Du weißt auch bereits, wieviel Geld zum oben genannten Abbau deiner Verbindlichkeiten nötig ist und stellst fest, daß Du immer noch Spielraum hast.

Dann nimm Sie den Betrag, den du übrig habst und investiere das Geld monatlich in den Vermögensaufbau, in deine Altersvorsorge; oder spare für einen Lebens-traum, den Du dir erfüllen möchtest, z.B. das Cabrio, die Weltreise, das neue Klavier.

Setzen Dir ein Ziel, dann fällt das Sparen leichter.

Das gilt nicht nur fürs Sparen.

55. Etwas zurückgeben und Gutes tun

Wie wäre es mit dem Guten Vorsatz, ehrenamtlich tätig zu werden oder sich freiwillig zu engagieren, anderen Menschen zu helfen, zu unterstützen, sich einzubringen für eine gute Sache? - Vorausgesetzt, daß Du in deinem Alltag Kapazitäten frei machen kannst.

„Ehrenamtlich tätige Einzelpersonen" können niederschwellige Entlastungs- und Betreuungsangebote z.B. Unterstützung im Haushalt, Einkäufe oder Betreuungsleistungen wie die Beaufsichtigung oder Betreuung zur Entlastung pflegender Angehöriger übernehmen:

Sich ehrenamtlich zu engagieren kann bedeuten, freiwillig und ohne Vergütung für eine Organisation tätig zu sein, als Wahlhelfer in der Politik, als Übungsleiter oder Trainer im Sportverein, in einem Tierheim, bei der Tafel, in der Seniorenbegleitung oder beim Roten Kreuz, in Pflegeheim oder Hospiz, in der Kirchengemeinde, der freiwilligen Feuerwehr, oder oder oder.

56. Spende

Wenn Du etwas Geld übrig hast, frage beim Deutschen Zentralinstitut für soziale Fragen nach wohltätigen Organisationen, denen Du deine Geldspende zukommen lassen kannst.

Unterstütze z.B. an Deinem Wohnort das Tierheim, die Tafel oder andere Hilfsorganisationen mit Sachspenden. Durchforste mal wieder deinen Kleiderschrank und gib unbeschädigte, saubere Kleidungsstücke, die du nicht mehr tragen möchtest und nicht mehr brauchst, an den entsprechenden Stellen ab.

Oder spende Blut, das im Krankenhaus dringend benötigt wird für viele Behandlungen, wie für Operationen und Transplantationen, die Behandlung von Unfallopfern, für Therapie von Herzerkrankungen und Tumoren.

Hast Du ein Leib-und-Magen-Thema, das du gerne voranbringen und unterstützen möchtest? Möchtest Du vielleicht Organisationen oder Vereine finanziell unterstützen? Eventuell sogar per Dauerauftrag? Auch kleinste Beträge können helfen. - Vergiss aber nicht, bei den Geldspenden nach der Spendenquittung zu fragen.

SpendeDeine Zeit, indem Du Menschen hilfst, die in verschiedensten Lebenslagen Hilfe und Unterstützung brauchen, und sei es die Reparatur von Haushaltsgeräten, die Inbetriebnahme und Bedienung von moderner (Unterhaltungs-) Elektronik, die für höhere Semester mitunter ein Problem darstellt. Oder ist es ein Botengang, vielleicht mal ein Wocheneinkauf, wo Unterstützung gefragt ist.

Engagieredich für bzw. in Organisationen, die anderen Menschen helfen, z.B. bei der Tafel, beim Technischen Hilfswerk, bei der freiwilligen Feuer-wehr, beim Roten Kreuz, und hilf Menschen in Not, im Katastrophenschutz, bei Versorgungsengpässen oder ganz einfach im täglichen Leben, wo Hilfe gebraucht wird..

57. Nimm Dir vor, öfter zu lächeln

Lächeln ist nicht nur Zeichen guter Laune, es macht auch gute Laune - und das nicht nur beim Betrachter.

Das Lächeln glücklich macht, ist sogar wissenschaftlich belegt. – Du kannst mindestens einer Person mit einem Lächeln den Tag versüßen, und diese Person bist Du selbst. Lächle also einfach mal so drauflos, dein Gehirn macht dann schon den Rest. Vielleicht finden sich dann noch andere Personen, denen dein Lächeln auch gefällt.

- Probiere es einfach mal aus.

58. Verteile Komplimente

Verteile gerne Komplimente, ehrlich, freundlich und ernstgemeint. Damit machst Du Deinem Gegenüber ein großes Geschenk: Komplimente stärken das Selbstwertgefühl, übrigens auf beiden Seiten, machen glücklich und auch ein wenig größer. Und ein nettes Kompliment kann sehr lange nachwirken.

59. Die kleine Dinge im Leben

Achte mal ein wenig auf die kleinen Dinge. – Ein kurzes Lächeln, eine Münze für den Menschen am Straßenrand, jemand den Vortritt lassen, die Tür aufhalten, eine freundliche Geste, ein freundlicher Gruß, ein kleines Zuvorkommen, eine Hilfestellung, eine Aufmerksamkeit – *ganz spontan* – können den Tag für beide Seiten zu etwas Besonderem machen.

60. Etwas für die Umwelt tun

Nehmen wir also auch Umwelt und das Bewusstsein für dieselbe in den Reigen unserer Guten Vorsätze auf.

Wir wollen etwas tun, damit unser CO_2-Abdruck, die Folgen unseres Lebens für die Umwelt gering-bleiben. Daher werden wir (möglicherweise):

- weniger Autofahren,
- fragen, welche Autofahrten notwendig sind,
- keine lange Fahrten zum Einkaufen machen,
- mehr öffentliche Verkehrsmittel nutzen,
- mehr Fahrrad fahren,
- weniger Energie verbrauchen (Welche Energie nehmen wir dann, und woher?),
- mehr Ökostrom verwenden,
- weniger Plastikmüll verursachen (Das heißt aber auch: Weniger Plastik einkaufen!),
- weniger Müll verursachen (Wie das?),
- weniger Fertigprodukte, Fertigpizza kaufen, stattdessen frisch einkaufen, selbst kochen,
- Waren generell unverpackt einkaufen,
- Kleidung, Haushaltsgeräte und anderes nicht wegwerfen, sondern reparieren,
- Dinge nicht wegwerfen, sondern aufwerten und wiederverwenden (Re- und Upcycling),
- um keine Massentierhaltung mehr zu fördern, beim Fleischer oder Direktver-markter kaufen,
- konsequenterweise im eigenen Garten Obst und Gemüse selbst anbauen,
- und vieles mehr für die Umwelt tun.

61. Kaufe regional ein

Kaufe bei lokalen oder regionalen Anbietern, bei Direkt-vermarktern, im Tante-Emma-Laden oder im Hofladen, beim Dorfmetzger, beim Bäcker.
Du stärkst mit deinen Einkäufen den örtlichen Einzel-handel, sicherst Arbeitsplätze, machst dadurch deinen Ort wieder attraktiv und tust auch etwas für die Umwelt, weil Du lange Wege und Autofahrten vermeidest - Und man lernt sich im Ort wieder kennen.

62. Kaufe auf dem Markt ein

Dort gibt's Obst- und Gemüsestände, Milch und Käse, Fleischereien, Fischhändler, Blumenverkäufer, Bäcker, Antipasti und manche Bude mit Spezialitäten. Alles bio, alles regional. - Gehe einfach mal hin.

63. Kaufe beim Erzeuger

Kaufe, wie zuvor schon erwähnt, regional oder lokal, direkt ab Hof, beim heimischen Anbieter.
Auch wenn nicht nur die Frühstückseier ein paar Cent mehr kosten, die Milch nicht ultrahocherhitzt ist; die Möhren und anderes Gemüse krumm und schief ge-wachsen sind (das ist übrigens normal):
Du weißt, woher das Fleisch, Gemüse und Obst kommen, kannst die artgerechte Tierhaltung und Anbaumethoden begutachten. - Und außerdem helfen kurze Wege Energie sparen.

64. Fairtrade fördern

Als Fairtrade-Produkte werden aktuell gehandelt (in alphabetischer Reihenfolge) z.B.: Bananen, Baumwolle, Blumen, Gewürz, Gold, Honig, Kaffee, Kakao, Kosmetik, Kräuter, Nüsse, Orangensaft, Öl, Quinoa, Reis, Schokolade, Sportbälle, Tee, Wein, Zucker und Textilien.

Der im Jahre 1992 gegründete Trägerverein Fairtrade Deutschland e.V. und seine Mitglieder wie kirchliche Hilfsorganisationen sowie Organisationen aus den Bereichen Politik, Jugendbildung, Entwicklungshilfe haben sich zum Ziel gesetzt, Kleinbauern und Arbeiter durch gerechten Handel vom Welthandel profitieren zu lassen.

Die Produzenten, die überwiegend aus Entwicklungs- und Schwellenländern in Afrika, Asien und Latein-Amerika stammen, erhalten für Ihre Waren eine garantierte Vergütung, müssen dafür aber auch ökologische, ökonomische und soziale Standards erfüllen.

65. Kaufe bio

Kaufe Obst und Gemüse aus kontrolliert, bio-logischem Anbau, und tue Dir und der Umwelt etwas Gutes.

66. Reduziere Online-Einkäufe

Dieser Vorsatz ist keineswegs so rückwärtsgewandt, wie es scheint: Den Umsatz, den Du online beim Shop deines Vertrauens machst, kann derörtliche Einzehandel sicher gut gebrauchen. Wenn Du aber vor Ort einkaufst, bleiben die kleinen und großen Geschäfte in deinem Wohnort auch erhalten.

67. Wirf keine Lebensmittel weg

Informiere dich über die richtige Lagerung von Lebensmittel, damit diese nicht vorzeitig verderben.
Plane deine Einkäufe so, daß Waren mit kurzer Haltbarkeit auch zügig verbraucht sind.

Jedoch, heute, wo es Kühlgeräte in allen Größen gibt, mit verschiedenen Temperaturzonen und energieoptimiert, sollte die Haltbarkeit verderblicher Waren kein Thema mehr sein.

Lebensmittel, deren Mindesthaltbarkeitsdatum abgelaufen ist, sind noch lange nicht ungenießbar oder giftig. Lediglich eine mindeste Haltbarkeitsfrist ist ab-gelaufen. Diese Lebensmittel sind noch länger haltbar und auch genießbar. Darüber geben zur Not Farbe, Form, Geruch oder Geschmack Auskunft.

Und eingefroren lassen sich Lebensmittel nahezu unbegrenzt aufbewahren. Informiere dich über geeignete Methoden, wie du Lebensmittel haltbar machen und aufbewahren kannst.

Und: Wirf nicht weg, was man essen kann.

68. Treibe Deine Karriere voran

Fühlst Du dich eigentlich noch gut im Job, an deinem Arbeitsplatz, in Deiner Firma, so wie's gerade läuft?

Oder wäre mal wieder eine Verbesserung angebracht, steht Dir der Sinn nach Höherem? Dann engagiere dich an deinem Arbeitsplatz, erwirb weitere Qualifikationen, bewirb dich für die nächsthöhere (Gehalts-) Stufe, bringe Deine Karriere voran.

Oder halten Ausschau nach einer Stelle, die Deinen Kompetenzen und Neigungen eher entspricht, wo Du bessere Perspektiven siehst. Und bewirben dich – bei Deinem Arbeitgeber, beim Wettbewerb oder ganz woanders..

69. Bilde Dich weiter

Erwirb zusätzliche, berufliche Qualifikationen (z.B. durch ein Fernstudium), lerne fremde Sprachen oder ein Musikinstrument, melde dich zu einem VHS- (Volkshochschul-) Kurs an oder zu einem Fernstudium (s.o.), besuche Vorträge und Veranstaltungen und lerne dabei neue Dinge, Sichtweisen und Welten kennen.

Lies selbst auf Online-Portalen von Nachrichten- und Zeitungsredaktionen, was in deiner Umgebung, im Land und in der ganzen Welt passiert, versuche Zusammenhänge zu verstehen, und vertraue nicht nur der lokalen Presse und den Nachrichten des privaten oder öffentlich-rechtlichen Rundfunks..

70. Beginne eine Ausbildung

Ein Guter Vorsatz könnt auch sein, in der kommenden Zeit eine Ausbildung zu beginnen, z.B. weil Du dich für ein Berufsfeld interessierst, in dem Du für dich eine Zukunft sehen. Vielleicht haben Sie schon erste Erfahrungen gemacht während eines Praktikums oder Fachleuten über die Schulter schauen können.
Erkundigen Dich beim Arbeitsamt, bei Industrie-, Handels- oder Handwerkskammer nach Adressen von geeigneten Unternehmen oder bewirben dich direkt, wenn Du dir schon die eine oder andere passende Firma ausgesucht hast.

71. Bewirb Dich um einen Studienplatz

Wenn Du eine Hochschulzugangsberechtigung - in aller Regel ein Abitur - hast, dann bewirb dich einen Studienplatz für Dein Wunschfach, vorausgesetzt es gibt keinen Numerus clausus.
Stelle vorher sicher, daß das Studium Deinen Vorstellungen entspricht und die Finanzierung deines Studiums gesichert ist.

72. Mache Dich selbständig

Ständig und für alles und selbst verantwortlich sein, dazu noch Personalverantwortung und Verpflichtungen, die keine Ende nehmen; überlege gut, wohin Dein Herz dich trägt.

73. Lasse es mit dem Beruf mal gut sein

Wenn es irgendwie möglich ist, dann lasse Beruf Beruf sein, reduzieren deine Überstunden, lasse die Arbeit am Arbeitsplatz und nimm möglichst gar nichts Berufliches mit nach Hause.

Die Zeit nach Feierabend und am Wochenende gehört Dir und Deiner Familie, und Du wirst sicher völlig überrascht feststellen, daß es auch ein Leben nach bzw.- jenseits der Arbeit gibt – und nicht erst, wenn Du dereinst in Rente bist. - Lerne viele schöne und neue Dinge kennen.

74. Pflege alte Hobbies.

Erinner dich, mit was Du dich früher hingebungsvoll und stundenlang beschäftigt hast, an die Hobbies, denen Du immer wieder nachgegangen bist, ohne daß Dir die Zeit lang wurde; lange bevor Alltag, Arbeit und Familie den früheren Zeitvertreib verdrängt haben?
Lasse Deine alten Hobbies wieder aufleben: das selber wieder flottgemachte Mofa, die alte Leidenschaft fürs Sammeln von was auch immer, das alte Handwerk, den Sportverein, das Musikinstrument, den Garten oder vieles andere mehr.
Widme deinem neuen alten Hobby wieder mehr Zeit. Reserviere für dich selbst verbindlich einen festen Termin und eine feste Zeitdauer, wo Du dich deinem Hobby widmest. – Freunde und Familie müssen davon ja nicht ausgeschlossen sein.

75. Suche Dir ein neues Hobby

Wenn Du schon immer mal etwas tun wolltest, dann warte nicht mehr lange. Beginne ein ganz neues Hobby, etwas, das Dich schon immer fasziniert hat, wozu aber noch nie Zeit war, und erweitere Deinen Horizont im allerbesten Sinne.

Ein neues Hobby, etwas, auf das Du Dich jeden Tag freust, kann Dein Leben ungemein bereichern.
Warte nicht, sondern fange an mit etwas Neuem, was Du schon immer ausprobieren wolltest, für das Du dich schon so lange insgeheim begeisterst.

76. Arbeite mit den Händen

Wann hast Du zum letzten mal mit den Händen gesarbeitet? Nein, nicht den Abwasch gemacht oder die Bude geputzt. –Werde Heimwerker oder beginne mit Handarbeit, z.B. sticken, stricken oder häkeln.
Engagieren dich in einem Verein, der alte Technik, altes Kulturgut oder Handwerk bewahren will. Bastele, baue, künstlere, male oder schaffe etwas, das Du vorzeigen und das Leute anfassen können.

77. Fangen Sie an zu gärtnern

Lege Dir einen Garten zu, den Du bestellst und pflegst, züchte Blumen, Pflanzen, Obst und Gemüse; kurzum: Alles, was im Garten so wächst und was Du in der Küche verwerten kannst.

78. Lerne eine neue Sprache

Nochmal: Ein guter Vorsatz für die Zukunft könnte auch sein, eine neue Sprache zu lernen.

Durch mindeste Kenntnisse einer Landessprache wird es Dir leichter fallen, dich im Ausland zurechtzufinden, Kontakt aufzunehmen, einzukaufen oder sich z.B. nach dem Weg zu erkundigen, und Du lernst Länder und ihre Kulturen kennen. Außerdem gewinnt Dein Lebenslauf durch Kenntnisse von Fremdsprachen ungemein.

79. Nimm an einem Kochkurs teil

Zu Beginn des Buches ging's um gesunde Ernährung.

Damit Du dich zukünftig, den Guten Vorsätzen folgend, auch wirklich gesünder ernähren kannst, melde dich für einen Kochkurs an, erlerne oder verfeinere Deine Kochkünste und erweitere Deine Kenntnisse über Rezepte und Zubereitungsarten.

80. Melde Dich zum Tanzkurs an

Nimm an einem Tanzkurs teil, am besten gemeinsam. Bewegung, besonders rhythmische Bewegung, ist gesund und heilsam für den Körper und den Geist. Und Bewegung zur Musik sorgt für gute Laune.

Koordinierte Bewegung schafft neue Synapsen im Hirn, Tanzen trainiert Koordination und Koondition, es verbessert die Denkleistung und vermindert das Risiko, an Demenz zu erkranken.

81. Belege einen Malkurs

Werde künstlerisch tätig und kreativ, lerne verschiedene Maltechniken, Motive und Themen kennen und mache Dein Leben bunt (was es ja sicher ohnehin schon ist) mit Staffelei, Pinsel, Leinwänden und den verschiedensten Farben.

82. Lerne ein Musikinstrument spielen

Wolltest Du nicht schon immer mal Musik machen und ein Musikinstrument spielen lernen? Melde Dich bei einer Musikschule an oder schaue dich nach privatem Unterricht um. Dann besorg Dir ein Instrumten und probiere es einfach mal aus. Für den Anfang tut's vielleicht auch eine Blockflöte.

Und mit Harmonika, Gitarre oder Akkordeon kannst Du schon mal eine Familienfeier aufmischen und für Stimmung sorgen.

83. Lerne neue Sportarten kennen

Lerne völlig neue Sportarten kennen.
Geh zum Lacrosse oder Tennis, zum Turnen oder zum Golf. Gehe zu Vereinen, die Ballsportarten betreiben oder versuche's mit Kampfsport, mit Schwimmen oder Boule spielen.
Und das Beste: Du lernst nicht nur neue Sportarten, sondern auch neue Menschen kennen ... und vielleicht auch völlig neue Muskelgruppen nebst dem zugehörigen Kater.

84. Mache einen Tauchkurs

Melde Dich für einen Tauchkurs an und lerne ein völlig fremdes Lebensumfeld kennen; das Leben unter Wasser. Du kannst fremde Gewässer erkunden und sehen, was unter der Wasseroberfläche vor sich geht, die bunte Unterwasserwelt kennen lernen, und dabei fast schwerelos im Wasser schweben.

85. Das Gegenteil: ein Fallschirmsprung

Lasse Dir den Nervenkitzel schenken, oder gönne Dir selber das Erlebnis, am Fallschirm zur Erde zurückzuschweben. Reicht das für einen Guten Vorsatz?

86. Ein Tandemflug mit einem Paraglider

Noch so ein Erlebnis: Trau dich, mit einem Paraglider in die Lüfte und schauen Dir, von Wind und Thermik getragen, die Heimat von oben an.

87. Lerne das Fliegen kennen

Zugegeben; eine nicht ganz billige Angelegenheit: Buche Dir fürs Erstmal eine Mitfluggelegenheit und schau Dir das Ganze mal an als Passagier in einem Segel- oder Motorflugzeug. Wenn das Fliegen etwas für Dich ist, erwirb eine Privatpilotenlizenz und werde Pilot.

88. Lies Bücher

Schalte Rechner, Tablet und Fenseher ab und ent-spanne Dich, setze dich in deine Lieblingsecke, nimm ein Buch zur Hand und tauche ein in Geschichten. – Du hattest das Buch ja schon lange auf dem Nachttisch liegen, aber immer kam etwas dazwischen und hinterher warst Du zu müde zum Lesen.

Fang einfach an, nur wenige Minuten, und dann immer wieder ein paar Seiten mehr, bis Du das Buch durchgelesen hast. Dann nimm Dir das nächste aus deiner Hausbibliothek. Oder aus dem Regal.
Und wenn Du lieber Fach- oder Sachbücher liest, dann umso besser: Heute ist lebenslanges Lernen wichtig wie nie. Tauche ein in Wissenschaften, Technik und fremde (Arbeits-)Welten und bilde dich durch Lesen weiter. Erweitere Deinen Horizont, lerne die Welt und Ihre Zusammenhänge kennen.

89. Schreiben

Beginne damit, Deine Termine in ein Kalenderbuch zu schreiben, und mache daraus ein Tagebuch. Das vorliegende Buch mit all den Guten Vorsätzen ist auf ganz ähnliche Weise entstanden.

Schreibe Erlebnisse und Gedanken auf, schreibe Briefe und Karten, besonders aus dem Urlaub, und, wenn Du irgendwann genug Material gesammelt hast, mache Dir einen Namen als Autor*in.

90. Nimm Dir Zeit für Kultur

Du liest zuhause. Du schreibst zuhause. Gehe mal wieder aus dem Haus, besuche Veranstaltungen, Ausstellungen, Konzerte. Nimm an Führungen teil und besuche Gedenkstätten.
Gönne Dir den Besuch von Ausflugszielen und, wenn Du in anderen Städten bist, verpasse nicht deren Sehenswürdigkeiten. - Aber mache Dir keinen Stress.

91. Entdecke die Musik

Entdecke die Musik, deine Lieblingsmusik immer wieder neu. Besuche Konzerte, z.B. klassische, für Chor, Klavier und/oder Orchester, Liederabende, Schlager- oder Tanzparties, Jazzsessions, ob in öffentlichen Hallen, Kirchen, Clubs oder Freilichtbühne. Nimm Dir Zeit für Neues. Fremde Musik kann sehr bereichernd sein.

92. Reise und entdecke die Welt

Reise, ob mit dem Auto, der Bahn oder dem Flugzeug, und schaue Dir die Welt an.
Lerne fremde Länder und deren Kultur kennen, schaue Dir fremde Städte an, und nicht nur die nächstgelegenen. Dort begegne fremden Dialekten und Sprachen. Lerne andere Lebensräume und - gewohnheiten kennen und bekomme so einen anderen Blick auf die Welt.

93. Buchen Sie Ihren Traumurlaub

Ein weiterer Guter Vorsatz für's kommende Jahr: Buche Deinen Traumurlaub und gehe es endlich mal an. Schau nach, was das Sparbuch sagt, was die Finanzplanung so hergibt und mache endlich Deine Traumreise, von der Du schon so lange träumst und schwärmst. Reise rund um den Globus, schaue Dir fremde Länder an und erlebe die fremden Kulturen.

Die Eindrücke Deiner Reisen werden Dich dein ganzes weiteres Leben lang begleiten und die Erinnerungen an die (gemeinsamen) Reiseerlebnisse werden Dir immer wieder ein Lächeln ins Gesicht zaubern.

94. Oder wandere aus

Vielleicht versuche es erstmal auf Zeit und suchen einen Arbeitsplatz z.B. in Handwerk oder Gastronomie im europäischen, vielleicht auch benachbarten Ausland,– dann sind Sprachbarrieren nicht so hoch.

In Urlaubsgebieten, ob in Skigebieten oder Zielen im Mittelmeerraum, hier und da sind sicher Stellen frei, und es werden helfende Hände gebraucht. Selbst auf den Inseln in Nord- und Ostsee werden immer mal Arbeitsplätze angeboten, wo Du dir in einer völlig neuen Umgebung ein neues Leben aufbauen kannst. Abeite auf Windparks, im Offshorebereich. Oder reise als Digitaler Nomade um die Welt.

Bezahlbarer Wohnraum sollte zu finden sein.

95. Übe Dich in Dankbarkeit

Ein Guter Vorsatz, der im Übrigen jedem Menschen gut zu Gesichte steht, ist, sich in Dankbarkeit üben.

> *Nicht die Glücklichen sind dankbar.*
> *Es sind die Dankbaren, die glücklich sind.*
> (Francis Bacon)

Wir haben ein Dach über dem Kopf, haben zu Essen und Trinken im Überfluss, wir haben sauberes Wasser, immer auch elektrischen Strom, keiner muss erfrieren oder hungern, wir sind gesund oder haben hier in Deutschland Zugang zu medizinischer-Versorgung, die weltweit keinen Vergleich zu scheuen braucht, wir leben in Frieden und Sicherheit, Medien versorgen uns im Überfluss mit Information und Unterhaltung, und um durchs bzw. aus dem Netz (Hartz4) zu fallen muss frau/man schon reichlich inkompatibel sein. Auch Bedürftige oder die sogenannten ‚Schwächsten der Gesellschaft' werden sehr kommod aufgefangen.

96. Nimm Dir Zeit für dich selbst

Lasse es still werden in Deiner Umgebung, horche in dich hinein, ziehe dich ganz zurück und befassen dich ab und zu nur mit Dir selbst.

Schalte das ganze Gebimmel und Geblinke der Medien und Bildschirme rundherum ab und versuchen, die Stille auch auszuhalten.

Es wird vielleicht eine Herausforderung sein, lässt sich aber lernen.

97. Erlaube Dir ein wenig Selbstliebe

Vielleicht müssen wir es erst wieder lernen, uns selbst zu lieben, uns anzunehmen, wie wir sind, mit unseren Bedürfnissen und Gefühlen, und mit allen unseren Unvollkommenheiten, die mensch so hat.

Du bist in Ordnung, so wie Du bist; und es muss Dich nicht kümmern, wie Andere urteilen, was Andere besser zu wissen glauben. – Du bist nicht für anderer Leute Wohlsein verantwortlich, wohl aber für die Erfüllung Deiner eigenen Bedürfnisse, für Dein Wohlbefinden, für Deine Gesundheit und Dein eigenes Leben.

Solltest Du bemerken, dass Du dich selbst anklagst, hinterfrage die dahinterstehenden Denkmuster und Glaubenssätze, die Du nach vielen Jahren sicher erst wiederentdecken, identifizieren und ausgraben musst. Genaues Hinschauen lohnt sich aber.

98. Schreibe Dein zukünftiges Ich

Mache eine kleine Bestandsaufnahme , in der Du Deine Bedürfnisse und Ziele festhältst, ebenso wie all das, was Du bisher geschafft hast und was Dir wichtig ist; ebenso das, was Du für die Zukunft planst. Dann sortiere Deine Guten Vorsätze und schreiben an Dein zukünftiges Ich.

99. Plane , Gutes zu tun

Plane und beschließe, Dir selbst und anderen Gutes zu tun, jeden Tag ein bißchen.

100. Genieße, etwas alleine zu tun

Nimm Dir Zeit, etwas alleine zu unternehmen und genieße es; z.B. ein Saunabesuch, ein Spaziergang, eine Stunde im Straßencafé oder anderes.

101. Kaufen frische Blumen

... und mache einer Person, die dir nahe-steht, eine Freude; Du machst Dir dadurch selbst auch eine Freude.

102. Mache jemandem eine Freude

Willst du glücklich sein im Leben, trage bei zu andrer Glück, denn die Freude , die wir geben, kehrt ins eigne Herz zurück.

103. Am ersten Sonntag im Monat benutze das gute Geschirr

Erkläre monatlich einen Sonntag zum Festtag und decke den Tisch mit dem guten Geschirr und den guten Gläsern.

104. Danke täglich für drei Dinge.

Zähle jeden Tag drei Dinge auf, die gut waren, für die Du dankbar sein darfst.

1. _ _ _ _ _ _ _ _ _

2. _ _ _ _ _ _ _ _ _

3. _ _ _ _ _ _ _ _ _

105. Was macht Dich glücklich

Schreibe auf, sammele Dinge, die Dich glücklich machen, und schriebe auf, was Du dir wünscht.

Versieh's mit Datum und lege es erstmal weg. Wenn Du Deine Aufzeichnungen später mal wieder liest, kannst Du manches über sich lernen. 😊

Oder Du führst ein Glückstagebuch und notierst darin alles, was Dich erfreut und glücklich gemacht hat. Später kannst Du dann, wenn es klemmt oder mal nicht so gut läuft, nachlesen, daß es auch bessere Zeiten gab und auch wieder geben wird

106. Tue, was Dich glücklich macht

Aus Deinem Glücksjournal (s.o.) kannst Du jederzeit entnehmen, was Dich im Laufe der Jahre immer wieder erfreut und glücklich gemacht hat.
Tu es einfach immer wieder, und werde dabei immer wieder aufs Neue glücklich.

107. Stelle Dir Dein zukünftiges Leben vor

Was glaubst Du, wie Dein Leben in ein paar Jahren verlaufen wird? Wenn Dir das zusagt und gefällt, dann belasse es dabei. Oder überlege, was Du vielleicht ändern kannst, um in 10 Jahren immer noch gut leben zu können, ein gutes oder vielleicht bis dahin ein besseres Einkommen zu haben, gesund und zufrieden zu sein,

108. Verbanne Gedanken, die runterziehen

Nimm Dir als Guten Vorsatz, so oft wie möglich, anfangs vielleicht an festen Wochentagen, Gedanken, die Dich herunterziehen, alte Denkmuster, die uns verurteilen und anklagen, zu verbannen.

Hinterfrage diese Denkmuster und Glaubenssätze und versuche, diese hinter dir zu lassen. Zur Not hole Dir dazu professionelle Hilfe.

109. Schaue einen Sonnenuntergang an

Schalte alle Ablenkungen aus - auch das Handy!
und schau einen Sonnenuntergang an.

Und wenn Du's am Abend nicht schaffst, stellen Dir den Wecker und schau Sonnenaufgang an – dann vielleicht mit einer Tasse Kaffee; und Du wirst sehen, der Tag beginnt (und verläuft) ganz anders.

110. Mach's Dir gemütlich

Sorge für Behaglichkeit und zünde öfter mal eine Kerze an, wenn Du Dir z.B. Zeit nimmst für eine Tasse Kaffee, allein oder in trauter Runde..

111. Begegne dem Stress

Wenn stressige Situationen auftauchen – meist ohne Ankündigung und ziemlich überraschend – halte kurz inne, atme tief durch und bewahre die Ruhe.

112. Ordne Deine Vorhaben

Entrümple Deine Planungsliste; und traue Dich, Dinge, die bisher mit hoher Dringlichkeit auf deiner To-do-Liste standen, auf die Was-solls-Liste zu ver-schieben.
Vielleicht nutzt das Deinem Seelenfrieden.

113. Stelle Dich Deinen Ängsten

So wie wir vorhin Gedankenmuster und Glaubenssätze hinterfragt haben, so stelle Du Dich Deinenen Ängsten. Peu à peu, in kleinen Schritten, so dass Du dich noch wohlfühlst. Hinterfrage Deine Ängste und beseitige all-mählich Angst, Grenzen und Zwänge aus Deinem Leben.

114. Das kleine Zauberwort

Traue Dich, hin und wieder mal Nein zu sagen.
Die wenigsten Menschen trauen sich, wenn andere bereits Entscheidungen getroffen und Handlungsan-weisungen gegeben haben, Nein zu sagen. Meist sind wir dann völlig überrascht und unvorbereitet, wollen aber nicht unhöflich sein und finden uns hinterher einge-spannt vor irgendeinen Karren oder für Vorhaben eingespannt, die nicht unsere sind. Wenn es wieder mal so ist, sage einfach mal nein! - Die Welt wird davon nicht untergehen.

Bewahren Du dir Deinen Seelenfrieden und entscheide selbst über Deine Zeit und darüber, was Du tust und lässt.

115. Belohne Dich

Immer, wenn Du etwas Besonderes erledigt hast, einen Guten Vorsatz umgesetzt oder eine Aufgabe bearbeitet oder z.B. einen Impf- oder Vorsorgetermin bei Deinem Arzt wahrgenommen hast, wenn Du Dich Ängsten gestellt, eine Stresssituation bewältigt oder eine wichtige Aufgabe gemeistert hast, dann belohne Dich, gönne Dir einen Kaffee, eine kleine – oder auch eine große – Belohnung. Das motiviert für den nächsten Punkt auf der Tagesordnung.

116. Trenne Dich von unnötigem Kram

Entsorge endlich, was Deine Regale verstopft, Den Keller ausfüllt und letztlich auch in deinem Leben viel zu viel Raum einnimmt. Auch wenn mit all den Dingen Träume, Erwartungen, Erinnerungen und vieles noch verbunden sind, all die Sachen, die wir sowieso nicht mehr zur Hand nehmen, haben keine Funktion mehr in unserem Leben, außer daß sie Platz wegnehmen.

Trennen Dich von Dingen, befreie Dich von Ballast.

117. Gönne Dir und Deinem Auto was Gutes

Wenn Du mit Deinem Auto in die Waschstraße fährst, wählen Super-Premiumpflege mit Unterbodenwäsche und Heißwachs für ein völlig neues Fahrgefühl.

118. Mache es Dir schön

Gibt es in Deiner Wohnung, im Haus oder Garten etwas, womit Du so gar nicht zufrieden bist, dann mache es Dir zum Vorsatz, dieses bei nächster Gelegenheit zu ändern. Plane aber nicht zulange und tu es einfach. Hinterher belohnen Dich reichlich (siehe links oben).

119. Pflanze einen Baum

Ob es nun der Förderung der biologischen Diversität in Deiner Nachbarschaft, der Verbesserung des Mikroklimas ebenda, der Verbesserung von CO_2-Bilanz oder der Verschönerung Deines Gartens dienen soll, pflanze einen Baum & pflege diesen dann hingebungsvoll.

120. Schaffe Erinnerungen

Lasse von Dir und Deiner Familie immer wieder Fotos anfertigen, so daß Du über die Jahre die Ent-wicklungen aller Familienmitglieder nachverfolgen kannst und auch Erinnerungen hast, wenn plötzlich jemand fehlt. –

„Schau mal. Weißt du noch?"

121. Probiere einen neuen Look

Statt kleinem Bieranzug mit Jeans und Hemd, statt casual trage Businesslook, teste ein neues Aussehen, verändere Dein Äußeres und Dich selbst. Alles auf neu.

122. Meditiere

Meditieren bedeutet, Deiner selbst bewusst zu werden.

Das kannst Du eigentlich immer tun. Lasse dabei alles Störende außen vor, schaue nur auf Dich selbst, achte auf Deinen Atem und komme zur Ruhe. Lerne, Deine Gedanken zu beobachten, zu lenken und zukünftig - egal was kommt - gelassen und angemessen zu reagieren.

123. Schließe mit dem Alten ab

Trennungen sind nie ganz einfach.

So viel haben wir (gemeinsam) erlebt, so viele Gemeinsamkeiten, so viele Erinnerungen, so viel verbindet, all das kannste doch nicht in die Tonne kloppen?! –

Werde ich auch nicht tun. - Aber wieso soll es nicht möglich sein, daß alle in versöhnter Verschiedenheit, wie es in der Ökumene so schön heißt, und ohne den Anderen gram zu sein, ihre Wege gehen?

> *„Wer loslässt, hat die Hände frei."*

Die Jungs und Mädels, mit denen wir früher um die Häuser gezogen sind, haben alle Ihre Wege gemacht, die Freunde sind geblieben. Aber frühere Zeiten sind nun mal vorbei, sie sind vergangen; und die kommenden Zeiten (Da sind wir uns sicher alle einig) erfordern unsre ganze Aufmerksamkeit.

Blicke dann und wann in Dankbarkeit zurück, bleib ruhig in der Gegenwart. Was die Zukunft bringt, erfahren wir früh genug.

Herzlichen Glückwunsch und Dankeschön, daß Du bis hierher mitgegangen bist. Deine eigenen Guten Vorsätze wähle aber bitte selbst aus der langen Liste meiner vielen Vorschläge, ganz nach Deinen eigenen Vorstellungen und Zielen.
Und für die Umsetzung all der Guten Vorsätze das allerbeste Gelingen. –

... und Liebe Grüße

Achja, …

Und bitte entschuldige, wenn ich hier und da etwas
pastoral daherpredige. Das ist sonst und überhaupt
nicht meine Art.

Inhalt - alphabetisch

Nr.:		Seite:
	Eine Bemerkung vorweg	9
	Ein kleiner Zaubertrick	10
11.	Abnehmen	21
10.	Abnehmen und Diät	20
123.	Abschließen	70
113.	Ängste	67
2.	Alkohol	12
31.	Alles anders!	32
74.	Alte Hobbies.	54
33.	Andere entscheiden	33
26.	Arztbesuche	29
25.	Auf den Körper achten	29
70.	Ausbildung	53
49.	Ausgaben planen	42
94.	Auswandern	61
117.	Auto	68
119.	Baum pflanzen	69
115.	Belohnen	68
6.	Bewegung im Alltag	15
44.	Bildschirme aus	40
88.	Bücher	59
95.	Dankbarkeit	62
107.	Dein zukünftiges Leben	65
59.	Die kleine Dinge	47
28.	Dinge erledigen	31
104.	Dreimal danke	64
102.	Eine Freude machen	64
22.	Einkaufen	27
32.	Entscheidungen	33
120.	Erinnerungen	69
64.	Fairtrade	50
39.	Familie	37
85.	Fallschirmsprung	58
12.	Fast Food	22
46.	Fernseher aus	40
50.	Finanzielles Polster	42
16.	Fleisch essen?	24
87.	Fliegen	58
35.	Freundeskreis erweitern	35
101.	Frische Blumen	64

8.	Frische Luft	18
60.	Für die Umwelt	48
77.	Gärtnern	55
108.	Gedanken	66
41.	Geduld und Verständnis	38
40.	Gemeinsames Essen	37
100.	Genießen	64
14.	Gesund ernähren	23
21.	Getränke	26
99.	Gutes tun	63
51.	Guthaben	43
103.	Jeden ersten Sonntag	64
68.	Karriere	52
63.	Kaufen beim Erzeuger	49
65.	Kaufe bio	50
15.	Kochen selbst	23
79.	Kochkurs	56
7.	Körperliche Aktivität	17
58.	Komplimente	47
52.	Konsumkredite	43
36.	Kontakte aufnehmen	35
90.	Kultur	60
4.	Laufen	14
73.	Lasse's mal gut sein	54
67.	Lebensmittel wegwerfen	51
78.	Lerne eine neue Sprache	56
110.	Mache es gemütlich	66
118.	Mache es Dir schön	69
81.	Malkurs	57
122.	Meditieren	70
82.	Musikinstrument	57
76.	Mit den Händen	55
91.	Musik	60
5.	Muskeln	14
75.	Neue Hobbies	55
83.	Neue Sportarten	57
121.	Neuer Look	69
57.	Öfter lächeln	47
66.	Online-Einkäufe	51
29.	Ordnung	31
38.	Partnerschaft?	36
23.	Plastikfrei einkaufen?	27
42.	Präsent sein	39
1.	Rauchen	11

61.	Regional einkaufen	49
92.	Reisen	60
17.	Rohkost	24
30.	Sauberkeit	32
24.	Schlafe gut.	28
89.	Schreiben	59
98.	Schrieben	63
53.	Schulden	44
9.	Selbstkritik	19
97.	Selbstliebe	63
72.	Selbständig	53
43.	Smartphone aus	39
19.	Snacks und Süßkram	25
109.	Sonnenuntergang	66
45.	Soziale Netzwerke aus	40
54.	Sparen	44
47.	Sparsamkeit	41
56.	Spende	45
3.	Sport	13
111.	Stress	66
71.	Studium	53
86.	Tandemflug	58
80.	Tanzkurs	56
84.	Tauchkurs	58
93.	Traumurlaub	61
20.	Trinken	26
106.	Tue das	65
48.	Überblick	41
116.	Unnötiger Kram	68
18.	Vegetarisch oder vegan	25
37.	Verwandte	36
112.	Vorhaben	67
105.	Was macht Dich glücklich	65
69.	Weiterbilden	52
62.	Wochenmarkt	49
27.	Zahnpflege	30
114.	Zauberwort	67
96.	Zeit	62
34.	Zeit für die Freunde	34
13.	Zielgewicht	22
55.	Zurückgeben	45